Gut gepfeffert...

Heitere Gedichte aus dem Alltag

Claudia Aretz

Alle Rechte verbleiben bei der Autorin
Claudia Aretz.

Herstellung und Verlag:
Books on Demand GmbH, Norderstedt
ISBN 9783842307377
Preis 7,00 Euro

"Gut gepfeffert" ist eine Sammlung heiterer Gedichte aus dem Alltagsleben. Ob in der Küche, an der Haustür, bei Therapeutenbesuchen oder im Umgang mit Kindern - überall und jeden Tag gibt es sie, die kleinen Anekdoten, über die man immer wieder gerne lacht. Ich wünsche allen Lesern eine gute Unterhaltung und ein schmunzelndes Lächeln, wenn sich der eine oder andere vielleicht irgendwo dabei wiederfindet!

Mein besonderer Dank gilt Roswitha, die mich dazu gebracht hat mit dem Schreiben anzufangen. Ebenso dem Rest meiner Forum-Familie, bestehend aus Fritzi, Ingrid, Rita, Gisela, Ernestine, Birgid, Monika-Maria, Heinz und Kerstin. Ohne Eure ständige Ermunterung läge dieses Werk immer noch nicht vor.

Kulinarisches

Gruß aus der Küche
Im Restaurant
Weingeist

Tierisches

Futterneid

Wer schön sein will...

Die Dorfparfümerie
Werbeversprechen

Gefühltes

Der Groll
purer Egoismus!
Der Schweinehund

Kleine und große Leiden

Beschwerden einer Leber
Ein Besuch beim Physiotherapeuten
Ent-Spannung
Zuviel des Guten
Auto-Panne
Arztbesuch

Das übliche Chaos

Der Frühjahrsputz
Wehgeklage einer Handtasche
Murphy´s Gesetz
Party-Time
Der Morgen danach...

Kinder, Kinder...

Die ersten Zähne
Blaue-Flecken-Tage
Oma wird´s richten

An der Haustür...

Betteln und Hausieren verboten!
Lieferservice
Dienst am Kunden

Kulinarisches

Gruß aus der Küche

Samstäglich gibt es bei mir Suppe,
alles andere ist mir schnuppe.
So fang ich an am frühen Morgen
Zutaten dafür zu besorgen.

Ich setze heißes Wasser auf,
lass meiner Kreativität viel Lauf,
von Feinstgemüs´ bis Lorbeerblatt -
ich kriege alle Mäuler satt!

Doch nun muss ich die Lippen schürzen,
ich tat zuviel des Guten - beim Würzen.
Ist jede Suppe sonst ein Treffer,
eindeutig heute zuviel Pfeffer.

Als ich den Löffel will ablecken -
so macht man das ja beim abschmecken,
bezahl ich dafür reichlich teuer,
denn meine Zunge brennt wie Feuer!

Noch nie verpfeffert, nie versalzen,
kann ich nun nur die Zunge schnalzen.
Da hilft kein Schmand, kein Mondamin,
den Eintopf krieg ich nicht mehr hin.

Leise pfeifend, ich armer Tropf,
schütt ich aus den Höllentopf.
Im improvisieren unumstritten
kredenz ich heute dann halt Fritten!

Im Restaurant

Es ist doch wirklich interessant,
so ein Besuch im Restaurant.
Die Hausfrau hat keine Lust zu kochen
und lässt sich auch nicht unterjochen.

So wird sich schnell noch hübsch gemacht
und Lust auf's Essen geh'n entfacht.
Das Herz macht einen kleinen Satz
kein Tisch ist frei und auch kein Platz.

Es wird noch eine Zeit vergehen
und man muss an der Theke stehen.
Dann endlich wird ein Plätzchen frei
an der Toilettentür, ja mei!

Schon wälzt man seine Speisekarten,
man hat genug vom langen Warten.
Man sucht sich aus, was so gefällt
und hat es auch schon gleich bestellt.

Nun trinkt man seine dritte Runde,
auf's Essen wartet man ne' Stunde.
Dem Kellner wird ganz oft gewunken,
denn langsam wird man schon betrunken.

Die Bedienung nur ganz langsam spurt,
auch wenn der Magen heftig knurrt.
Dann endlich sind die Speisen da,
es duftet einfach wunderbar.

Doch plötzlich stellt man sehr schnell fest,
dieses Essen gibt den Rest.
Das Schnitzel ist ganz zäh und kalt,
die Fritten fettig und schmecken alt.

In Gedanken zählt man leise
schon zusammen die deftigen Preise.
Die Beine in den Bauch gesessen,
ach hätt´ man doch zu Haus gegessen!

Weingeist

Ich trinke heut´ ein Gläschen Wein,
man lud mich gerade dazu ein.
"Ein Schlückchen bitte, danke sehr!",
ich vertrage nicht viel mehr.

Beim Gespräch die Ruh´ einkehret,
während s´Glaserl sich nun leeret.
"Noch ein letztes bitte, danke schön!"
auf einem Bein kann man nicht stehn.

Doch auch dieses Glas sich leert,
der Weingeist in die Glieder fährt.
Viel Gerede hin und her,
nun wird auch die Zunge schwer.

Beim dritten Glase wird gelallt,
der Kopf nun auf den Esstisch knallt,
weil ich mit dem Ellenbogen
an der Kante falsch abgebogen.

Weinbeduselt wird mir warm,
merke keinen Schmerz im Arm,
nur der Kopf nicht mehr klar denkt,
da wird mir wieder eingeschenkt.

Kann nicht mehr aus den Augen sehen
ganz zu schweigen aufzustehen,
doch dann hab ich artig mich bedankt
und bin danach nach Haus gewankt.

Tierisches

Futterneid

Schon früh am Morgen hört man sie,
es tschilpt die Meisenmutter.
Sie flattert in das Vogelhaus
und sucht geschwind nach Futter.

Doch kurz darauf ertönt Geschrei,
die Amsel stürzt im Fluge
in das Geschehen mit hinein,
damit sie kommt zum Zuge.

Der Meisenknödel wird gepackt,
geworfen aus dem Haus.
Die arme Meise flieht entsetzt
und sieht ganz traurig aus.

Während die Amsel fleißig pickt
schleich ich auf Zehenspitzen
zum Baum, wo nun die Meise hockt
und werfe Apfelschnitzen.

Die Amsel noch genüsslich schmaust,
sie ist mit sich zufrieden,
die Meise holt das Äpfelchen
und mir ist Spaß beschieden.

Wer schön sein will...

Die Dorfparfümerie

Entzückend der Besuch wie nie
in meiner Dorf-Parfümerie.
Da will ich tun mir etwas Gutes,
spazier hinein - noch frohen Mutes,
die Angestellte eilt herbei
mit makellosem Konterfei.

"Kann ich Ihnen behilflich sein?",
meine Antwort ist stets ein "nein".
Doch diesmal brauch ich ihren Rat
und schreite deshalb gleich zur Tat.
Ein Pröbchen hab´ ich mal erhalten,
nur ewig hat es nicht gehalten.

Jetzt ist die gute Probe leer,
ich denk´ das Original muss her!
Das haben sie ganz klar auf Lager,
mal sehen, mein Portemonnaie ist mager.
"Oh, das ist die Creme repair!" -
Das sie das sagt, find ich nicht fair.

Es klingt für mich auf alle Fälle
als wär mein Gesicht ne´ Großbaustelle!
Nun gut, dann will ich mich nicht zieren
und kriech´ vor ihr auf allen Vieren.
Schlussendlich ist die Creme toll,
ich frag, was sie denn kosten soll.

Das Elixier kost´ hundert Flocken!
Ich glaub´, die will mich wirklich schocken.
Mein Gesicht ist mir zwar hold,
doch fehlt der Esel mir - aus Gold.
So bin ich dann extrem verdrossen
aus diesem Laden rausgeschossen.

Nivea - Creme tut´s auch wie nie -
ein dreifach Hoch der Drogerie!

Werbeversprechen

Aufstehn, waschen, Zähne putzen
Zahnpasta mit Sorbitol benutzen.
Auf's Gesicht ein Beauty-Fluid
steht mir heute wirklich gut.

Tagescreme - Hyaluron,
was das ist, wer weiß das schon?
Bodylotion mit Q10,
damit lass ich mich gerne sehn.

Triple action superdefense,
macht mich wunderschön immens.
Correcteur Hydratant,
ich bin bildhübsch und eklatant.

Mit Moisturer Falten killen,
wer nimmt heute denn noch Pillen?
Tausend Tiegel riechen lecker
ob bei Douglas oder Becker.

Haarshampoo ist von Garnier,
drin sind Fructies, oh jemineh.
Manchmal auch mit Koffein,
viele gute Sachen drin.

Feuchte Tücher mit Panthenol,
dafür ohne Alkohol,
Bei all dem Krempel ich doch hoffe -
keine Konservierungsstoffe.

Cerealien auf dem Teller
damit wird man immer schneller.
Joghurt heute rechtsrum dreht,
so auf der Verpackung steht.

Mega-Knusper-Powerriegel
garantiert mit Gütesiegel.
Super Soja-Lecithin
ist nur in Nutella drin.

So kann die Alterung ich überlisten
mit Frühstück für den Championisten,
mit Biowurst und Magerquark,
fühl ich mich heute bärenstark.

So viele Worte - hochgestochen,
wer will da noch richtig kochen,
die schlauen und gesunden Füchse
leben aus der Konservenbüchse.

Doch wenn an allen Enden, Ecken,
so viele Vitamine stecken,
komm ich um Fragen nicht umhin,
warum ich immer müde bin...

Gefühltes

Der Groll

Ein Groll richtet so dann und wann
schon mal erheblich Schaden an.
Vor lauter Wut an manchen Tagen
könnte man einfach jemand schlagen.
Und wenn er dann noch fragt "Warum?"
kriegt er die zweite sogleich - Bumm!

So ein Groll, der kann vernichten
wenn wir ihn gegen uns selber richten.
Schon schlägt der Körper gleich Alarm
mit Leber, Galle, Magen - Darm.
Und alles, was wir dann erhalten
sind schlechte Laune und auch Falten!

Es gilt, den Zeitpunkt abzupassen,
den Groll dosiert herauszulassen.
Stück für Stück, so ab und an,
auf dass er niemanden schaden kann.
Die reine Wut ist Energie,
verletz´ jedoch ein Wesen nie!

Man kann sich anders davon befreien,
Du könntest eine Wand anschreien
oder mit einem guten Gewissen
einprügeln auf ein altes Kissen.
Die Rage kann sich so abbauen
anstatt sich bei Dir aufzustauen!

Doch muss man lernen und verstehen
vernünftig damit umzugehen.
Verspüre sie ruhig an manchen Tagen,
doch lass Dich nicht ständig von ihr plagen.
Durch die Wut, so heftig sie auch ist,
spürst Du, dass Du am Leben bist!

purer Egoismus!

Morgens, wenn das Licht erwacht
werd ich um meinen Schlaf gebracht.
Die Katzen jaulen, das Baby schreit,
Mutti ist allzeit bereit.
Frühstück wollt ihr, das ist klar,
jeden Tag und Jahr für Jahr.
Das Miezenfutter in den Napf,
noch träumend in die Küche stapf.

Schon klingt ganz eifrig ein Geschrei,
auch das Baby hat Hunger, oh wei oh wei...
Angerührt die Nuckelflasche,
steck ich mir in die Hosentasche
und renn mit ihr zum Wickeltisch,
denn auch die Hose will sie frisch.
So geht es jeden morgen zu,
ich habe einfach keine Ruh.

Dass auch ich ´nen Kaffee will,
verkneif ich heimlich mir und still.
Heut Morgen sind sie noch am schlafen,
ich werde mich nicht länger strafen.
Heut bin ICH dran, vor allen voran,
dann kümmere ich mich um Euch dann!
Erst die Katzen, dann das Kind?,
ich eile schnell und ganz geschwind.

Soll ich mal egoistisch sein?
Jetzt eine Kaffee, das wär fein...
So leis wie möglich schleich ich durchs Haus
doch was passiert zu meinem Graus?
Ich löffel in die Filtertüte
tatsächlich KATZENFUTTER, meine Güte!
Der Mensch ist ein Gewohnheitstier,
das merke ich ganz deutlich hier.

Und die Moral von der Geschicht?
Ändere Deinen Rhythmus nicht!

Der Schweinehund

Sich täglich durch das Leben beißen
und sich auch noch am Riemen reißen.
Doch was kriege ich nicht hin?
Die verdammte Disziplin!

Kaffee wollte ich reduzieren,
nicht noch mehr Gewicht verlieren,
weniger fröhnen dem Nikotin
doch wer streikt? - Die Disziplin!

Den Tag nicht immer so beschweren
mich auch mal gesund ernähren,
mal nur so sein, wie ich bin
wer macht nicht mit? - Die Disziplin!

Freude bringen in mein Leben,
einmal täglich mich bewegen,
schon lange mal zur Oma hin
doch es fehlt die Disziplin.

Blumen wollte ich umtopfen,
nicht so viel Zucker in mich stopfen,
ein Telefonat mit der Freundin
das wär gegangen mit Disziplin.

Ich wollte mal wieder herzhaft lachen
und endlich meine Steuer machen,
Fernseher aus und Musik rin
jeder hat doch Disziplin!

Mir wird das ganze viel zu bunt,
dieser verdammte Schweinehund!
Hat im Nacken mir gesessen
und meine Disziplin gefressen!!!

Kleine und große Leiden

Beschwerden einer Leber

Lasst Euch gesagt sein, liebe Leut,
eine Leber hat es schwer,
denn was Du reinstopfst in Dich heut,
dafür halt ich morgen her.

Currywurst - Pommes, ganz viel Fett
darüber denkst Du gar nicht nach
ist für mich so gar nicht nett,
meine Nerven liegen brach.

Entgiften soll ich den ganzen Kram,
das finde ich so gar nicht fair,
denn Du hast da keine Scham
und schluckst nen´ Schnaps noch hinterher.

Dann kommen noch so zwei, drei Bier,
damit der Abend wird entspannt,
vor dem TV, da sitzt Du hier,
während ich die Hälfte schon verbrannt.

Du wechselst zwischen den Kanälen,
was Dir wirklich Freude macht,
ich muss mich mit den Giften quälen,
mindestens noch bis halb acht.

Vor der Glotze tust Du ruhn,
frisst noch eine Tüte Chips,
als ob ich nicht genug zu tun,
stell Dir vor, auch so was gibt´s!

Irgendwann gehst Du zu Bett,
hast vergessen noch zu baden,
ich verbrenne noch das Fett,
das Dir morgen würde schaden.

Frisch geruht, am nächsten Morgen
kann ich Dich so gar nicht loben,
bevor ich mache mir schon Sorgen,
kommt der Kaffee schon von oben.

Mich zu schonen, wirst Du nie versuchen,
ein beliebig Organ, das bin ich bloß,
am frühen Morgen isst Du Kuchen,
das freut mich sicher ganz famos.

Ich schwöre Dir, im nächsten Leben,
werde ich ein Kniegelenk,
da wird es das für mich nicht geben,
und es wird sein wie ein Geschenk!

Ein Besuch beim Physiotherapeuten

Seit Tagen hatt´ ich dieses Spicken
ganz oben, hoch in meinem Rücken.
Und eh´ ich konnte mich versehn´,
konnte den Kopf ich nicht mehr drehn´.

In Gedanken hört´ ich´s läuten:
Du musst zum Physiotherapeuten!
Der gibt Dir dann den letzten Schliff,
alleine kriegst Du´s nicht in´ Griff.

Ein Anruf, betteln um Termin,
Frau A. aus N., das kriegen wir hin.
Man kennt mich, ich brauch nicht verraten,
ich kann vor Panik nicht lang warten.

Auf wen ich dann in der Praxis treff´,
ist kein geringerer als der Chef!
"Nun sagen´s mal, wo tut´s denn weh?"
fragt er, wo ich nicht gerade steh´.

"Ja oben, unten, überall,
ich glaub, ich bin ein schlimmer Fall!"
Und eh´ ich mich vor Schreck versah,
war er schon fort, mein Sport-BH!

Jetzt stand ich da, in Unterhose,
so rot wie eine Edelrose!
"Sie wissen, dass ich der Beste bin,
drum legen´s sich mal ganz flott hin!"

Dann fing der Hundert-Kilo-Mann
mit seinen arg' Torturen an.
Verrenkte mich, bis es laut krachte,
"der bricht mich durch!" - so ich noch dachte.

Vor Schreck fiel mir nichts besseres ein,
als schreien: "Sie perverses Schwein!"
Je lauter meine Knochen krachten,
in dieser Praxis alle lachten!

"Wenn Sie so schreien, bin ich gut!
Sie ziehen vor mir noch den Hut!"
Tatsächlich, als er fertig war,
stand ich so ziemlich gerade da!

Mein Gott, hättet ihr das gesehen,
ich konnte wieder aufrecht stehen!
Nun sagte er so leicht dahin:
"Machen Sie doch noch mal nen' Termin!"

Nun stand ich voller Hingebung
da vorne an der Anmeldung.
Die Helferin sprach ohne Wut:
Das "perverse Schwein war gut!!!"

Ich laufe rot am Kopfe an,
murmel Entschuldigungen dann.
Muss mich jetzt ja wohl verteidigen,
wollte den Chef nicht so beleidigen!

Sie sagt mit starkem Lachen dann:
"Dieses Schwein, das ist mein Mann!"
Die Peinlichkeit wird immer mehr,
hier komm' ich niemals wieder her!

Doch jedes Mal, wenn es so zwackt
und wieder jeder Knochen knackt,
so laufe ich, wie kann es sein,
nur allzu gern zu diesem "Schwein"!!!

Ent-Spannung

Ein Wesen, ein schon sehr nervöses
probiert kurzweilig Ominöses.
Es praktiziert fernöstliche Lehren
auf das die Ruhe möge einkehren.

So testet es mal mit Tai-Chi,
doch richtig ruhig, das wird es nie.
Denkt "Es wird an der Technik liegen",
probiert mit Yoga sich zu verbiegen.

Ein Wesen versucht mal dieses oder jenes,
und auch mal Training, autogenes.
Die Wärme kommt, die müde Schwere,
ach wär das schön, wenn´s doch so wäre!

In seinem Frust, mit lautem Fluchen
fängt es von vorne an zu suchen.
Es muss doch irgend etwas geben,
dass es mal ruhiger wird im Leben!

Selbsthypnose, Shiatsu
verspricht Gelassenheit im Nu.
Buddha, Reiki und auch Zen,
wo bleibt die Erleuchtung denn?

Vor lauter Atmen, liegen und verdrehen
da hat es eins doch übersehen:
Entspannung sich nicht an Technik bindet,
weil Ruhe sich nur in Dir selber findet!

Zuviel des Guten

Es grummelt und zwickt mir schon seit Tagen
in der Gegend von meinem Magen.
Ich glaub´, er wird sich langsam wehren.
Warum? Das kann ich Euch erklären:

Er merkt, dass ich an jedem Morgen
schon nach dem Aufstehen schwelg´ in Sorgen.
Wobei ich mir nicht nehmen lasse -
meine erste Kaffeetasse.

Frühstück, das fällt heute aus,
ich gehe ohne aus dem Haus.
Ein bisschen Ärger und auch Wut,
tut dem Magen auch nicht gut.

Ein paar Zigaretten auf der Terrasse,
dazu die zweite Kaffeetasse,
mit Leichtigkeit ist es geschafft:
Es brodelt hoch der Magensaft.

Ich spüre jetzt das ungeheure,
es sammelt sich die Magensäure,
schießt in die Speiseröhre rauf,
ich lege noch ne´ Kippe drauf.

Diesen Schmerz, den gönnt mir keiner,
auch die Verdauung ist im Eimer.
Ich könnt´ in Frieden leichter wohnen,
tät ich mal meinen Magen schonen...

Auto-Panne

Mein liebes, großes Schwesterlein
stieg einmal in ihr Auto ein.
Sie ist noch rüstig, richtig jung,
drum knallt sie zu die Tür mit Schwung.

Nur leider war ihr Kopf dazwischen,
drum hört sie auch kein leises Zischen;
vielmehr ein Krachen aus der Ferne,
dazu sieht sie dann tausend Sterne.

Gut ist ihr das nicht bekommen,
fühlt sich schlecht und ganz benommen.
Drum kramt sie flugs in ihrer Tasche
und greift schnell nach der "Rescue-Flasche".

Die Tropfen sind die Wucht in Tüten,
es wirken schnell von Bach die Blüten.
Doch konserviert zu unserem Wohl
enthalten sie auch Alkohol.

Verloren ist nicht Malz, nicht Hopfen
denkt sie und nimmt die Rettungs-Tropfen.
Unter dem steten Schmerzensdruck
nimmt sie gleich einen ganzen Schluck.

Doch auch die Hände sind am Beben
und sie kippt alles nur daneben,
den Mund nur peripher getroffen -
jetzt riecht's, als hätt' sie noch gesoffen.

Das ganze Hemd ist triefend nass,
der Morgen macht nicht wirklich Spaß.
Dazu die Schwellung auf der Stirn
und dieser Schwindel da im Hirn.

Sie betet inständig und ganz dolle,
dass keine Polizeikontrolle
kommen mag, denn diese Geschichten
glaubt ihr niemand wohl - mitnichten.

(für Nina)

Arztbesuch

Schon des morgens ist da beim Erwachen
dieser Schmerz, man kann kaum stehen.
Freilich ist das nicht zum Lachen,
da muss man wohl zum Doktor gehen.

Ein schneller Griff zum Telefon
für einen baldigen Termin,
doch merkt man auf die schnelle schon,
die Helferin hält einen hin.

Dann endlich ist auch so weit,
nachdem wir uns ganz brav bedankten,
man macht im Warteraum sich breit
mit Hundert anderen Erkrankten.

Mühselig rückt man langsam vor,
während alle husten, jammern,
zu dem heiligen Arzt-Tor
und den Untersuchungskammern.

Im Labor wird sich nicht geziert,
desgleichen auf dem Ergometer;
auch wenn die Vene perforiert,
jammern kann man schließlich später.

Es grunzt die Schwester Rabiata,
Mitgefühl, das kennt sie nicht:
"Sie fahr'n als hätten Sie nen Kater!",
war wohl eine lange Schicht...

Der Doktor schüttelt nur den Kopf,
vor ihm meine Akte bunt,
"Nein, Sie sind kein armer Tropf,
Sie sind wirklich kerngesund!"

Nach vier elend langen Stunden
im Wartezimmer mit ´nem Buch
sind die Schmerzen ganz verschwunden,
wie herrlich ist ein Arztbesuch!

Das übliche Chaos...

Der Frühjahrsputz

Zeit für einen Frühjahrsputz!
Alles muss weg, was ich nicht nutz.
Vor Freude werde ich lauthals lachen,
heut´ mache ich Platz - für neue Sachen!

Schon zu Beginn bin ich leicht bang,
wo fange ich am Besten an?
Ich rühre mich grübelnd nicht vom Flecke,
Gerümpel steckt in jeder Ecke.

Das Schlafzimmer soll nun dran glauben,
denn hier ist nicht nur abzustauben.
Ich öffne meinen Kleiderschrank
und meine Nerven liegen blank...

So vieles auf dem Kleiderbügel,
im unteren Fach Klamottenhügel,
Sachen, die längst nicht mehr passen
und Farben, gruselig, zum Hassen!

Das riecht nach einer Kleiderspende
denk ich und spuck mir in die Hände.
Das erste Teil wird hochgehoben
und in den Müllsack reingeschoben.

Beim zweiten hab ich keine Wahl,
ich werde doch sentimental.
Es wegzuwerfen ist mir nicht geheuer,
die Bluse war doch mal so teuer...

Auch die Hosen lassen mir keine Ruh,
selbst wenn sie gehen nicht mehr zu.
Sie wegzugeben wär gemein,
vielleicht pass ich ja mal wieder rein!

Was ich dazu verdrängen mag:
Diese Hosen haben Schlag!
Angezogen noch nie gern
und heute wieder unmodern.

Und diesen Pulli, denk ich beklommen,
hab ich doch mal geschenkt bekommen!
Nie raus ging dort der fiese Fleck,
doch so was schmeißt man doch nicht weg!

Den Overall zieh ich mal an!
Mein liebstes Teil, einst irgendwann.
Verfluche meinen Wissensdurst -
im Spiegel grüßt gepresste Wurst!

Das WAR einmal mein liebstes Stück.
Jetzt geht´s nicht vor - und nicht zurück!
Die Luft bleibt weg, es ist so eng,
der Reißverschluß spricht nur noch: PENG!

Zwei Stunden später, in denen ich wüte,
bleibt´s bei dem einen Teil in der Tüte.
So langsam finde ich heraus,
mit dieser Technik wird nichts draus!

Ich renne einfach in die Küche,
auf den Lippen tausend Flüche.
In Gedanken ich versinke,
während ich meinen Kaffee trinke.

Der Schrank lässt mir so keine Ruh´,
die Schranktür geht schon nicht mehr zu.
Da nutzt auch nicht der schöne Schein,
ich werde einfach härter sein!

Während ich in neue Bahnen schalte
und überlege, was ich behalte,
beginn ich von vorne, rasend doll
und mache nun die Tüte voll.

Jetzt ist endlich all das rausgeflogen,
was ich seit Jahren nicht angezogen.
Endlich ist dort drinnen Platz
und jedes Teil geliebt, ein Schatz!

Die Tüte muss das Haus verlassen,
ohne noch mal hinein zu fassen!
Sonst pack ich doch wieder alles aus
und der Schrott verbleibt im Haus.

Ich habe keinen blassen Schimmer,
ob ich das schaff in JEDEM Zimmer,
doch es tat unendlich gut
zu frönen der ENTRÜMPEL-WUT!

Wehgeklage einer Handtasche

Was ich täglich muss so schleppen,
mal eben so von hier nach dort,
um Dein Leben aufzupeppen,
für den weiblichen Komfort.

Schlüssel, Tempos, Portemonnaie,
sind als Standard so dabei,
lebenswichtig, wie ich seh´,
das gesagt so nebenbei.

Kaugummi und Schokolade,
unterwegs der große Hit,
sie nicht zu haben wär doch schade,
drum´ schleppe ich sie auch noch mit.

Schere, Bonbons, Nagelfeile,
Nähzeug und die Sonnenbrillen,
Rätsel gegen Langeweile,
ich erfüll Dir jeden Willen.

Schminke, Rouge und ein Kajal,
Wimperntusche, Lippenstift,
sie nicht zu haben wär fatal,
wenn es das Gesicht betrifft.

Odol-Mundspray, Zigaretten,
braucht man auch so dann und wann,
wachst Du auf in fremden Betten,
kann ich Dir damit dienen dann.

Ein paar Kondome und OB,
dürfen in mir auch nicht fehlen,
wenn sie nicht da sind, ja oh weh,
kann man manches nicht verhehlen.

Ein Handy und ein Kugelschreiber,
einen zweiten als Ersatz,
ja das brauchen sie, die Weiber,
jammern noch "zu wenig Platz"!

Doch ich halt für alles her,
weil Du alles in mich packst,
ich bin 15 Kilo schwer,
die Schulter Du Dir schon verknackst.

Ja, so langsam muss ich klagen,
alles tust Du in mich stopfen,
und ich muss das alles tragen,
sogar Deine Rescue-Tropfen!

Mich aufzuräumen, das tut Not,
Vieles hast in mir vergessen,
ich transportiere altes Brot,
das zur Hälfte angefressen.

Du solltest wirklich mich sortieren,
in mir stapelt sich Papier,
schämen sollst´ Dich und genieren,
wie bei den Hottentotten hier!

Doch was nützt es, wenn ich klage,
ich, Deine Tasche wär zu voll,
dann ersetzt Du mich, keine Frage,
gegen eine größere, na toll!

Murphy´s Gesetz

Beim Schminken schon, da ging es los:
Kajal ist abgebrochen.
So hab ich mir doch ganz famos
das Auge ausgestochen!

Den Stift wieder zusammen schob,
so schoss ich nun von dannen,
nur noch einäugig, wie ein Zyklop
auf zu den nächsten Pannen.

Erst mal ein Frühstück hintenan
und eine Kaffeetasse,
verbrannte mir die Zunge dran,
mein Gott, wie ich das hasse!

Den Kaffe, den ich nicht genoss,
den Mund noch immer taub,
das Toast aus meinem Toaster schoss
und fiel mir in den Staub!

An der Türe läutet´s dann,
"Moment ich bin gleich da!"
"Paket für Sie!" lacht laut der Mann
- ich steh hier im BH!

Wie er mich sieht, warum er lacht:
Die Augen rot, die Zunge angeschwollen,
denkt er wohl "was ne tolle Nacht!
Ich bin hier bei den Dollen!"

Gelächelt hat er doch ganz nett,
doch ich bin fix und alle.
Verkriech mich wieder in mein Bett
und mache zu die Falle…

Party - Time

Wer will eine Party schmeißen
muss sich ganz schön am Riemen reißen,
denn alles soll werden ganz perfekt,
das Haus aussehen wie geleckt!

Schon Tage vorher wird geputzt,
trotz dass es arg wieder verschmutzt,
denn wenn die letzten gehen dann
fängst Du wieder von vorne an!

Hart gehst Du mit Dir ins Gericht:
wen lädst Du ein, wen lieber nicht?
Dabei kann man schon verzagen,
weil viele sich auch nicht vertragen…

Auch mit der Küche ist es nicht leicht,
Du fragst Dich, ob das Essen reicht.
Schon kaufst Du vierfach voller Wonne
was später wandert in die Tonne!

Der erste Gast kommt wie Fürst Pückler,
Du stehst noch da mit Lockenwickler.
"Oh je, oh je, das tut mir leid!" -
"Ist das etwa ein Kittelkleid???"

Das Gesicht in Farbe von Karotten
legst ab Du Deine Putzklamotten.
Die ersten freuen sich, Dich zu sehen -
Du würdest am liebsten schlafen gehen!

Einkaufen, putzen, dekorieren, kochen,
das alles dauerte schon Wochen!
Die Partylöwen werden laut
und feiern bis der Morgen graut.

Der letzte geht und Du denkst: "Sieg!"
Bei Dir sieht´s aus wie nach dem Krieg.
Du siehst ganz schnell mal nach den Pänzen
und fängst an Schaden zu begrenzen.

Fußabdrücke, Essensreste,
ja, das waren tolle Gäste.
An jedem Gläschen einmal nippen,
im Garten Zigarettenkippen.

Kalte Würstchen, angegammelt,
Gläser in Beeten aufgesammelt.
Abgebrochen auch der Flieder,
wütend rufst Du laut: "Nie wieder!"

Nach dem zweiten Rest der Nacht
hast Du´s in Ordnung rasch gebracht.
Völlig tot fällst Du ins Bett
und denkst noch: "War ja doch ganz nett…"

Alle Nachbarn haben´s gehört,
die Katzen tagelang verstört.
Der ganze Tag war eine Qual,
doch Du denkst schon ans nächste Mal!!!

Der Morgen danach...

Um zehn Uhr früh, bin ich erwacht
im Bett mit meinen Klamotten.
Was war dass nur für eine Nacht,
hier waren die Hottentotten.

Der Körper fühlt sich an wie wund,
kaum Atem in der Lunge,
der trockene Schwamm in meinem Mund,
der ist wohl meine Zunge.

Die Augen verklebt, der Kopf ist heiß,
vom Schnaps mit dem guten Siegel,
so viele Dinge ich nicht mehr weiß,
wer ist das bloß im Spiegel?

Diese Frau, die kenn ich nicht,
sie sieht so furchtbar aus,
mit ihrem wirren Angesicht,
die lass ich nicht ins Haus!

Die Haare stehen ihr ab vom Kopf,
die Augen rot geädert,
armselig dieser kleine Tropf
sie fühlt sich wie gerädert.

So wende ich mich vom Spiegel ab,
sortier erst mal die Gedanken.
Ich bete mein Kreislauf kommt auf Trab
und die Welt hört auf zu schwanken.

Nur nicht zu schnell den Kopfe drehen,
nur alles ganz gemach,
die Augen bleiben nämlich stehen
und folgen erst später nach.

Zitternd gesucht, so muss es sein
nach ein paar Aspirin,
die werf ich in den Rachen rein
und leg mich wieder hin.

So krieche ich wie ein geprügelter Hund
auf allen Vieren zum Bett,
am ganzen Körper einfach wund,
ein Kater ist halt nicht nett…

Kinder, Kinder...

Die ersten Zähne

Mutter sein ist manchmal schwer,
kriegt das Kindlein einen Zahn.
Den ganzen Tag lang schreit es sehr,
Mutter treibt es in den Wahn.

Da kommt die Idee, genial!
Du bist mir zu schwer zum tragen,
lässt mir keine andere Wahl,
ich leg Dich in den Kinderwagen.

Ich schleich mich um die Häuserecken
und beginne leis zu singen,
doch Du schläfst nicht zum verrecken,
willst um den Verstand mich bringen.

Endlich! Endlich wird es langsam still,
es fallen Dir die Äuglein zu.
Als ich nach Hause gehen will,
kommt jedoch der große Clou.

Es ertönt ein lautes Knallen,
beide schrecken auf, oh, nein!
Jemand lässt sein Rollo fallen
und das Kind fängt an zu schreien.

Mutti rennt weiter, schnell, schnell, schnell,
und das Kind schläft wieder ein,
als ein Hund kläfft mit Gebell,
und das Kind fängt an zu schreien.

Wieder wird nun losgezuckelt,
das ist höhere Gewalt!
In den Schlaf wirst Du geruckelt,
als eine Autotüre knallt.

Dann zwei Lichter, welch ein Graus,
mit 80 Sachen kommt da fleißig,
der Freund des Nachbarn schnell nach Haus
in einer ruhigen Zone-Dreißig!

Eine Stunde, kann wenig sehen,
dunkel ist es, kaum ein Schimmer
Mutti schläft jetzt schon im Gehen
und das Kinde schreit noch immer...

Blaue-Flecken-Tage

Meine Tochter hat - oh Schreck
im Gesicht 'nen blauen Fleck!
Auf das Bettchen knallt die Birne
und der Fleck blüht auf der Stirne.
Kurz geheult und wieder gebrabbelt
wird ins Bad geschwind gekrabbelt.

Hochgezogen schnell am Schrank,
doch die Fliesen blitzeblank -
kurz gesagt der Flecken zwei
unterm Auge noch ein Ei.
Mutti kommt ganz schön ins Schwitzen,
kann nicht fünf Minuten sitzen.

Das kleine Köpfchen wird gekühlt,
damit das Kind sich besser fühlt
und es wird noch abgelenkt,
eine Spielstunde geschenkt.
Fleißig kramt sie in ihren Sachen
während wir auch Späße machen.

Dann zeigt sie mir voller Stolz
ihren Bauklotz - massiv Holz.
Er wird geworfen, kann er was taugen?
Mutti zwischen ihre Augen.
Es lacht die Blaue-Flecken-Maus,
denn Mama sieht genau so aus.

Oma wird´s richten

Eine Party feiert man satt,
wenn man keine Verpflichtung hat.
So wurde kurzerhand zur Nacht
das Kind zur Oma rasch gebracht.

"Was machst Du, wenn sie schreit, erschrickt?
Und wenn sie vielleicht nachts erstickt???"
Kommt sie damit bestimmt zurecht?
Mir wurd vor lauter Sorgen schlecht.

"Mein Kind, ich habe ungelogen
vier Kinder alleine groß gezogen!
Drei eigene, ein Enkelsohn,
nun glaub mir doch, ich schaff das schon!"

Du brauchst am Telefon nicht zu lungern,
ich lass das Kind schon nicht verhungern.
Ich habe schon in mancher Nacht
das Heil der Mäuse wohl bewacht!"

Da musste ich zu Boden schauen,
natürlich kann ich ihr vertrauen.
Es wird schon alles recht und gut,
sie liebt doch auch ihr Fleisch und Blut!

Am nächsten Tag, es war spät derweil,
erlöste sich mein Seelenheil.
Oma kam und mir was brachte,
es war mein Baby, das laut lachte.

Es sang und lachte den ganzen Tag,
was Omi ihr wohl gegeben haben mag?
"Was hast Du ihr in die Milch getan?
Schau Dir dieses Kind mal an!"

Die Oma lacht: "Mein Kind, ich weiß,
Du bist einfach viel zu leis!
Den ganzen Tag lang hörten wir
im Radio Lieder, auf WDR 4!"

Da tret ich hier auf leisen Sohlen
und dabei will das Kind laut johlen!
Die Oma weiß, was Babys gefällt,
sie ist die Beste auf der Welt!

(für Moni)

An der Haustür...

Betteln und Hausieren verboten!

Nepper, Schlepper, Langfingfang,
Bettelei am Hauseingang.
Ein Jeder, den ich nicht bestellt
will mein Bestes, nur mein Geld.

Zu jeder Nacht- und Tageszeit,
ich bin das Hausieren leid!
Der Zirkus kommt mit den Kamelen,
um mir die Geduld zu stehlen.

Der nächste fängt gleich an zu schwafeln
von den Alten und den Tafeln.
Gleich verjagt, nach draußen rannt´ er,
kommen schon die "grauen Panther".

Auch der muss meiner Wut sich beugen,
als nächstes dann: Jehovas Zeugen.
Am Mittwoch betteln die Tamilen,
deren armer Sohn muss schielen.

Am Freitag hab´ ich den zerpflückt,
der für die Kolonne drückt.
Noch einer mehr - oder auch minder
sammelt für krebskranke Kinder.

Und Jemand liegt mir in den Ohren
für bedürftige Senioren.
Sie kommen sogar - ich sehe rot,
vorzugsweise zum Abendbrot.

Sie wollen einen Euro nur,
doch da stelle ich mich stur.
Zusammengerechnet bin ich die Dumme,
denn das wird eine hübsche Summe.

Gibst Du ihnen einmal bloß,
wirst Du sie nie wieder los.
Jetzt lasse ich die Türe zu
und habe wieder meine Ruh´!

Ein kleines Schild an meiner Pforte
schützt mich nun vor jeder Sorte
dieser Bettler und Gottes Boten:
Betteln und Hausieren ist verboten!

Lieferservice

Geliefert werden schon seit Jahren
meine im Netz bestellten Waren,
ob bei Regen oder Frost -
ein dreifach Hoch der Deutschen Post.

Alles, was ich mir bestell
kommt geschwind mit DHL,
oder Hermes kommt herbei
und bringt mal ein Paket, mal zwei.

Sie brauchen meine Unterschrift,
digital, nicht mit dem Stift.
Ich kann es leider gar nicht leiden,
soll ich in dieses Display schreiben.

Der Stift dazu sieht hässlich aus,
ein Plastikgriffel, ei der Daus!
Wenn ich über die Folie wackel´
sieht das aus wie Kindergekrakel.

Ja, was kommt denn da in Sicht?
Also, mein Name ist das nicht.
Ob das Gerät ist wohl geeicht?
Der Bote sagt nur: "Ach, das reicht!"

Ich sehe nach, was ich bestellt,
doch leider passt nichts, nichts gefällt.
Der Bote eilt herbei zum Glück
zu nehmen mein Paket zurück.

Er fängt zu fluchen an, zu flennen,
den Barcode kann er nicht einscannen.
Im Flur sitzt er auf allen Vieren
und muss es ständig neu probieren.

Schlussendlich hat er aufgegeben
und ich muss ohne Quittung leben.
Die gute, alte Zeit war zwar nicht schnell,
doch vieles ging besser: manuell!

Dienst am Kunden

In Deutschland wird man unumwunden
am Telefon nicht gern verbunden.
Der Angerufene auf jeden Fall
ertönt hier meistens digital.

Ein Klick ertönt, ich möchte starten
und höre plötzlich "bitte warten".
Fünf Minuten dieses Band,
da verliert man den Verstand.

Dann die neue Stimme heiter:
"Wir verbinden Sie gleich weiter!",
Der nächste freie Platz gebührt
nur mir und ist schon reserviert.

Zu meinem eigenen Entzücken
soll ich nun auch noch Tasten drücken.
Die Eins, wenn ich hab welche Klagen,
oder die Zwei für andere Fragen.

Das geht so bis zur Taste acht,
wenn das so weiter geht: Gut´ Nacht!
Ich drücke fleißig, bin ein Wähler,
es rattert der Gebührenzähler.

Zwischendurch ich lese Zeitung,
da knackt es plötzlich in der Leitung!
Die Stimme menschlich, das ist wichtig,
sagt mir: "Hier sind Sie wohl nicht richtig!"

DIE Art, am Kunden zu verdienen
ist mir mehr als falsch erschienen.
Die Service-Wüste ist gerissen,
ich hab´ den Hörer aufgeschmissen!

über die Autorin:

Claudia Aretz lebt mit ihrem Mann und ihrer kleinen Tochter im Rheinland. Die leidenschaftliche Hobbymalerin schreibt regelmäßig Gedichte und Kurzgeschichten in einem Internet - Forum und für die Literatur-Edition "Feierabend".

Veröffentlichungen:

2008
Mitarbeit an der Anthologie "Einst in langen Nächten" von Friederike Amort (Edition Lebenszeichen)

2010
Mitarbeit an der Anthologie "Ganz schön frivol - endlich wieder Limericks" von Gisela Schäfer (Edition Zaubergarten)

"Gut gepfeffert" ist ihr erstes eigenes Werk. Zur Zeit schreibt sie an zwei weiteren Büchern über lustige Begebenheiten im ersten Babyjahr und an einem Sachbuch über Panikattacken.

Sämtliche Rechte aus diesem Buch verbleiben bei der Autorin.